La belleza es verdad y la verdad belleza.
Es todo lo que necesitas saber en la tierra.

John Keats

Senté
a la belleza
para injuriarla,
pero ebria y sorda se ha dormido
en mis rodillas.

Tomás Salvador González

Dirección editorial: Héctor Escobar
Director de la colección: Gustavo Martín Garzo
Fotografía de cubierta: José Ramón Vega
Fotografías de interior: Gabriel Quindós Martín-Granizo
Diseño de la colección: Miguel Riera
Maquetación: Alberto R. Torices

ISBN: 978-84-10057-92-0
Dep. Legal: Le. 82-2025
Impreso en España — Printed in Spain

Gabriel Quindós
La belleza de **viajar**

De la belleza (27)

Gabriel Quindós

La belleza de viajar

EOLAS EDICIONES

ÍNDICE

BORRADOR DE UN TRATADO
DEL VIAJERO SENTIMENTAL

Encantos y fiascos del viajar nacen de una propensión a pedirle demasiado. Le pedimos un vitalismo privativo del elixir de la eterna juventud, le pedimos que responda al exotismo de celuloide de vetustos platós hollywoodenses, le pedimos que sirva para pasar página a un amor contrariado, le pedimos bucear siguiendo la estela de una tortuga carey en los arrecifes coralinos de la laguna de un atolón, le pedimos que recubra con una pátina de oro pasajes de una depurada semblanza, le pedimos que facilite una panacea que aligere nuestras losas, le pedimos inhalar las fragancias del ámbar gris de un cachalote, le pedimos fogosos escarceos o un romance trasunto de estribillo de bolero, le pedimos que agigante nuestro pozo del saber y nos haga más cultos, le pedimos escuchar el do mayor del canto de unas dunas silbantes, le pedimos una catarsis que nos redima de nuestras faltas, le pedimos que, encaramados a una atalaya, nos haga testigos ora de la extinción de algo exquisito que solo unos selectos ensalzaron, ora del apogeo de algo incipiente que tardíamente se revalorizará, le pedimos que obre de cauterio y enlace con holgura un raudal de explosiones de alegranza. Incluso, así de pedigüeños solemos ser, le pedimos un fastuoso encadenamiento de soplos de belleza.

Desde el momento en que entretejemos la belleza con el viaje, merodea la sospecha de que, como vendría a suceder con la felicidad o la serenidad de espíritu, la belleza anidase en otra parte, siempre lejos de uno. Sea este planteamiento una entelequia de indefendible argumentación, la vida se obstina con agria perseverancia en refrendar la premisa sin reparar en su falsedad. Digamos que los inhábiles para hallar belleza en su entorno o en los estantes de su salón muestran síntomas de que tampoco darán con ella en una singladura por otras latitudes. Aquí nos ocuparemos de quienes

poseen sensibilidad para embriagarse con la belleza, no quedan saciados con la cercana y, con salubre avidez, parten en deliberada búsqueda de un caudal de exuberantes alumbramientos. De todas las motivaciones que exhibimos para cruzar fronteras, ir en pos de la belleza por la belleza descuella como acicalada coartada.

Habría una belleza en el viaje que podría acotarse a los placeres estéticos que nos invaden a través de los sentidos, cuya exaltación obedecerá a la emotividad de cada cual. A diferencia de las creaciones de las bellas artes, nunca será un objeto que pudiéramos atesorar, tendrá la consistencia de una pompa de jabón, su efervescencia será fugitiva e irrepetible. Y estaría la belleza del viajar circunscrita al acto mismo de viajar, ajena a influjos externos o al arribo al lugar soñado. Sería llamarse a engaño si se pretendiera que esta idealización nos arrebatase en todos los viajes y a lo largo de todo el camino. Erupcionará en una suerte de prodigio de la mente, flotará como voluble tesitura del ánimo y su epifanía será lastimeramente efímera. Tal será su liviandad que no se pulimentará con plenitud hasta una ulterior evocación.

Para cavilar sobre lo propuesto se adecuaría desde un viaje memorístico sin salir de casa desempolvando unos diarios de los cajones a un viaje iniciático a pie hasta las antípodas de un lustro de duración. Entre un supuesto y otro cabría un inagotable listado de modelos válidos. A lo sucinto le conviene marginar farragosas enumeraciones y liberarse del yugo del sempiterno matizar, pero quizá sea todo más sencillo. Cuando un amigo anuncia que se va unos días de viaje, nadie le reprochará que no visite todos los países del mundo en todos los medios de transporte. Cuando un aventajado lector o lectora palpa el grosor del lomo de este libro, no esperará que se desgranen con minuciosidad todos los carices del viajar y, de ser benévolo con el autor, dará por plausible la tentativa si sobrevolase con esmero alguna de las facetas que atañesen a lo estampado en la cubierta.

Aunque en ocasiones se aludirá a un viajero, se invita a la persona que esto lea a remodelar a su agrado el perfil de quien viajase, sea una mujer joven o un jubilado, sea alguien de esmirriados posibles o que nadase en la opulencia, sea cualquiera de tan vasto abanico; y, en el mejor de los casos, que fabule con que sea ella misma quien recorra los vericuetos de baldosas amarillas y, si en algún párrafo le placiese, estime que lo escrito se escribió solamente para ella. Se imagine lo que se imagine, si se comulga con que la brevedad obliga a la concisión, concédase que a lo largo de algunos capítulos nos refiramos a una persona errante que se decidiese a viajar con un ajustado presupuesto durante unas semanas lejos de donde viviera, sola y por libre.

Será borrador porque hurga en ideas en barbecho que el tiempo dirá si se afinarán o enmohecerán y por la magnitud de tantos aspectos arrumbados en el ostracismo por lo limitado del espacio. De ser tratado, lo sería nada más que por un punible deje de arrogancia al titular este prefacio, pero indudablemente no lo es por su patente carencia de rigor académico. Es de un viajero porque brota de exhumar un sedimento de impresiones que perduran de lo cosechado en los caminos. Habrá de ser sentimental porque se sustentará mayormente en rumores de añoranza y menos en los pilares de la razón.

A la postre, destilará una rememoración de gratitudes con gentes y lugares que quedarán sin nombrar y con tantas auras de belleza cuya amanecida surgió en los viajes.

I

SOBRE EL EXTRAVÍO
SIN QUERENCIA DE TRAZA

Tu viaje más bello puede coincidir con tu peor momento, tu peor momento puede catapultar tu más bello viaje. Se han torcido tus planes, has perdido o no pasaron segundas oportunidades, andas en la tierra de nadie de los que oscilan entre tirar por aquí o por allá. Tienes poco dinero, pero tienes tiempo; tienes tiempo porque no ganas dinero. Ningún enfermo está a tu cargo, sigues recomponiéndote de una dolorosa ruptura, has terminado unos estudios o te has quedado sin empleo; dispones de un raquítico remanente en la hucha porque te has privado de mucho, aún no te has hipotecado y nadie depende de tus ingresos. Si tu vida se amolda al decurso de tantas otras, tal vez nunca vuelvan a concurrir susodichas circunstancias. Podrás escaparte unas semanas sacando partido a que te vienen mal dadas. En un mundo impenitentemente mal avenido con la justicia, el gran viajar en libertad suele bendecir a los desnortados que tienen poco que perder.

Irás solo, con nadie habrás de consensuar horarios, comidas, prórrogas de las estancias o fluctuantes viradas de rumbo. Lo de ir por libre ni lo valoras porque jamás te has planteado otro escenario, y ni glosa merece. Capitanearás todas las decisiones, las buenas y las malas, y como el yerro solo será achacable a uno mismo, habrás de saldar cuentas con ese maestro del desatino con el que a duras penas logras convivir y con el que tendría su mérito sellar las paces durante el viaje.

Viajarás fuera de temporada adonde por incomparecencia de visitantes no hacen división entre temporada alta y baja. Te moverás por inmensas extensiones más baqueteadas por la despoblación que por la masificación; querrás pasar periodos sin cobertura y sin confluir con otros extranjeros y verás colmadas tus apetencias. Enfilarás un sinuoso

suelo de guijarros antes que uno pavimentado y rectilíneo, antepondrás los rodeos a los atajos, tu estrategia para ganar tiempo será ir despacio, pugnarás contra un cúmulo de calamidades, te harás adepto de lo adventicio, capearás a pícaros y granujas, los bandazos de la ventura timonearán tus veleidosos derroteros, tendrás lo azaroso por aliado.

Tu destino no puede ser otro que las quimbambas, donde a lo largo de seis días gastarás un montante equivalente a lo que costaría una sola noche de hotel en cualquier encopetada urbe europea. Optas, por ser más económico, por uno de esos países del hemisferio sur que tu Gobierno, en sus recomendaciones para viajeros internacionales, clasificará como inseguros y que tus indagaciones te llevan a intuir que se curan en salud y que los aprietos, si se eluden con tiento, no serán tan tremebundos. Sin menoscabar lo pavoroso, sabes que un occidental viaja en jaula de cristal que lo acoraza contra las asperezas del entorno. Guardarás bajo siete llaves tus lamentos por las estrecheces, allí serás a todas luces un privilegiado. Los lugareños te encasillarán como acaudalado por el solo hecho de que hayas podido permitirte llegar hasta allí: abofeteado por la pobreza que te circundará, convendrás que están tan sobrados de razón que chirriaría como una afrenta replicar con un gimoteo en torno a tus ahogos monetarios.

Finalmente, te vacunas, contratas un seguro, aprovisionas el botiquín y, por imperativo de descuento en el desembolso supremo, sacas el billete de avión de ida y el de vuelta. Entremedias, unas semanas en las que nada te esposa, nada has programado, nada tienes reservado. Al llegar, dedicarás tiempo a dar con un acomodo que le cuadre a tu escuálido bolsillo; tardarás en saber lo que cuestan las cosas y transigirás con el peaje de pagar un oneroso sobreprecio respecto a la población local. Versado en olfatear la presencia de alojamientos, confiarás en lo que inquieras a los transeúntes; algunos de estos serán tus benefactores, otros serán buscavidas que te timarán con artimañas, pero adonde vas raramente habrá más de una opción para dormir. El viajar promueve fajarse en el oficio y lo delineas como una obra en marcha en presente de indicativo cuya orfebrería nunca darás por rematada.

Un día aterrizas en la capital del país al que viajas, pasas los trámites, te atarantas hasta registrarte en un hotel y, una vez instalado, sucumbes a la tiranía de ver lo imperioso que hay que ver. Preveías la metrópolis como un engorroso preludio, pero te arrolla un alud de formidables alicientes y te quedas más de lo pronosticado. Te lo tomas a modo de un paréntesis de evasión, ya que, aunque deploras las definiciones categóricas que encorsetan y no eres tan prepotente como para sentar cátedra sobre qué es un viaje y qué no, te arrogas el derecho de aplicarte a ti mismo que a las ciudades vas y a los territorios viajas.

Antes del amanecer, arranca el autobús y a la media hora circula por los desolados asentamientos marginales del extrarradio. Cuando abandona el cinturón industrial y desaparecen las casuchas y lo urbanizado, sacas la cabeza por la ventanilla y, con el aire ensortijando tus cabellos, retumba en tus oídos el cañonazo de la botadura de un buque que dará por inaugurado el auténtico viaje.

Siendo una ocasión vital de fuste embebecida de prósperos auspicios, te embarga la corazonada de que tantos acasos felices que nunca pasaron, esta vez pasarán. Aunque barruntas que todavía está por emerger el advenimiento de apabullantes y sanadores estímulos, realmente llevas unos minutos tan atolondrado que ni percibes que ya se ha adueñado de ti la belleza de las ilusiones de pureza inmaculada.

II

SOBRE LOS COSTADOS DEL CAMINO

Al hablar del viajar, a unos les sobreviene espontáneamente la imagen de una maleta de cuero, a otros la de una obsoleta llave de hotel, mas uno piensa de inmediato en ventanillas. Prosaico elemento de diseño industrial falto de cantores, a través de ellas se adiestra la mirada en la ciencia de desentrañar la trama del paisaje. La ventanilla enmarcará los horizontes que suspirabas por ver.

Acercarse a la dispareja paleta de colores de un país conlleva surcar sus paulatinas mudas de piel, ya sean los umbrales de las praderas a los roquedales o los del llano a las estribaciones de una cordillera. Abundan los laudos a ir caminando, a caballo, en bicicleta, moto, coche, furgoneta o tren; menos las odas a los cochambreros autobuses públicos traqueteando por escabrosas calzadas. En sitios aislados de irreales infraestructuras, resultan el medio de transporte perfecto para el que no se haya sojuzgado a la inconsciencia de conducir o de manejar artefacto alguno del que pueda caerse. Se mitifican los inconvenientes de los paupérrimos buses: no puedes leer ni pasear, quizá te toque ir apiñado en el pasillo, están mal ventilados, la seguridad vial es dudosa y son tan impredecibles que una etapa de dos días puede descabalarse hasta los seis. Los reivindicas porque son muy baratos, no suelen ir otros extranjeros, te enfrascas con la charlatanería de los vendedores ambulantes o con las mercancías que cargan en techo y bodegas, te relacionas con el resto del pasaje cuando embarrancan en un lodazal y tienen la deferencia de averiarse en tus reverenciados 'no lugares', donde un fénix de eximio genio podría ultimar una *opus magnum* sobre lo absurdo de la condición humana. Tan proclives son a los trastornos que en retrospectiva calibrarás como incomparable aquel desplazamiento en el que nada más apearte del bus juraste que no lo repetirías ni bajo tortura.

Se viaje como se viaje, la contemplación de colosales espacios abiertos vertebra una equidad que escasea en otros órdenes de la vida. Esta divisa de igualdad tiene por distintivo que ante el aluvión de destellos cada cual es soberano de ladearse por el asombro o por el bostezo. Rige lo subjetivo, queda de tu mano que te zarandee la crudeza existencialista de un yermo altiplano o que su suelo estéril y descarnado se degrade en las montoneras del desdén. Solo compete a uno que una constelación de caminos en inabarcable pampa se lea como un agüero de conquista o como aviso de tu insignificancia. La fertilidad o fruslería del obsequio se tasa en el ámbito de la percepción personal, la afectividad impera frente a estatus o suntuoso saldo bancario, lo jubiloso o abúlico prevalece de los poros de la piel para dentro.

Pasajero en tránsito reo de un itinerario marcado por otros, no eliges lo mostrado ni el punto de vista, tampoco puedes dilatar o acortar el intervalo del que dispones para remolonearte en lo encuadrado; el filón de lo oteado es a un tiempo ganancia en el haber y anotación en el balance de pérdidas. Encajonado en cápsula rodante, los confines que desfilan ante los ojos no se tocan, no te mezclas con ellos ni te los apropias, no anudan más vínculos que los de una esporádica conmoción, no imprimes más mella en ellos que la del carbono que escupe el tubo de escape. Los costados del camino son como polvo de estrellas escurriéndose entre los dedos, ráfagas huidizas que ni se atrapan ni se llegan a saborear a fondo.

Desde la ventanilla asistes a un relampagueante tropel de principios y finales comprimidos en segundos. Todos los instantes decisivos que verás los verás solo una vez. Nunca más verás la acacia solitaria que corona un collado recortándose contra estratos de nubes de reminiscencias pictóricas. Nunca más verás en inhóspita llanura patagónica rodar a trompicones esos matojos barridos por el vendaval que irán a pudrirse lejos del hoyo donde germinaron. Nunca más verás en el blancor refulgente y alabastrado de un salar los pringues de alquitrán de las perforadoras que extraen el litio para los teléfonos inteligentes que rehusabas comprar. Nunca más verás esos muretes de aguadas rubescentes de las márgenes de un río desecado en la canícula del verano austral. Nunca más verás el fantasmagórico frente de un incendio cercando un cafetal en brumosa medianoche. Nunca más verás la espigada silueta de un remero de pie sobre una lábil balsa de papiro en un lago anillado por un ribete de nenúfares.

Mirando de hito lo que te fascina, te enderezas y te giras cuanto puedes para ver cómo se miniaturiza hasta esfumarse en lontananza. Hubieras querido rezagarte en infinidad de rincones o, al menos, retener con consistencia sus texturas, pero la velocidad y la acumulación conspiran en contra de toda vocación de asiento. Jamás de los jamases restaurarás con precisión visiones que se edifican sobre arena, serán en vano tus ahíncos por revertir su fugacidad.

Con la sien apoyada en el cristal avistarás de cuando en cuando un pabellón rodeado de bambúes en los bancales de un arrozal de verdor esmeralda o una hacienda enriscada sobre pilotes en el manto de lava solidificada de un volcán que muere en un litoral de cocoteros y rocas porosas de basalto. Con la mueca de las travesuras en la comisura de los labios, levantas castillos en el aire para reinventar una nueva vida en aquellos retiros sin abrir hueco a sopapos de raciocinio que cercenen el floreciente espejismo.

Las arcadias que se dejan atrás suscitan la belleza de imaginar que en ellas pudieron encauzarse los más dichosos porvenires.

III

SOBRE EL REENCUENTRO
CON LA QUIETUD

Los viajes se pergeñan en mayúsculas, lo que aguarda, entre signos de exclamación, la llegada se musicaliza con redoble de tambor y la hoja de ruta proyectada augura un frenético trajín. Pero la realidad se encargará de que lo grandioso se escriba en letra minúscula; lo sobrecogedor no manará con estruendo de cataratas, sino con murmullo de arroyo de aguas cristalinas; el tronar se mitigará y la vorágine se desbravará ante las urdimbres de lo reposado.

Antes de mecerte en lo distendido, eslabonaste una sarta de ajetreos. El día anterior te diste una paliza de ocho horas en bus y otras dos hasta dar con un cuartucho; madrugaste tras un duermevela y visitaste el yacimiento arqueológico que da un lacio lustre al lugar, como harán todos los foráneos, porque, aunque te fastidie masticarlo, no eres tan distinto a los demás.

Al mediodía aflojas el ritmo y vagabundeas por la pequeña y atrasada ciudad fijándote en lo que usualmente pones la lupa, pues traes tus obsesiones cuajadas de casa. Captan tu atención el medio de transporte de tres ruedas que triunfa en la ciudad, los perros callejeros con las costillas marcadas, los letreros en vinilo de colores chillones que estandarizan los comercios añejos, los que empujan carretillas con frutas y hortalizas y los niños harapientos con un expositor de madera colgado del cuello surtido de chicles, galletas y cigarros sueltos. Te escabulles de los rateros, ves si los mendigos piden limosna o esperan a que se la den, en las hileras de puestecitos te haces una idea equivocada sobre la escueta variedad de los productos. Y cada dos por tres das rienda suelta a tu plañido favorito por lo vulgar y utilitario de los nuevos bloques de pisos y se desata tu fobia por ese horrendo y anodino estilo arquitectónico internacional que todo

lo afea, todo lo homogeniza y todo lo empeora,
cuya brutal expansión va en detrimento de los
edificios antiguos que afiligranaban los barrios. Al
llegar a las parcelas de las afueras, pospones para un
paseo matinal la incursión en la naturaleza.

De vuelta al centro, muchos peatones clavan
la mirada en tus pies. Nada raro, sabes que donde la
miseria campa a sus anchas se aprecia sobremanera
la distinción en el calzado. Allí mismo hay niños
limpiabotas por doquier, unos sentados sobre una
piedra, algunos sobre un bote oxidado. Pero miran

con descaro porque se te ha despegado la suela de una bota. Están en las últimas, han hollado cuatro continentes y no pensabas deshacerte de ellas hasta que se cayeran en pedazos. Al pasar por una plazoleta, ves a un zapatero bajo un toldo desteñido y rasgado. No regateas, lo repararía por unos céntimos con unas puntadas y cola de pegamento. Te sugiere volver mañana, mas es sitio caluroso y pronto secará. Despaciosamente, te recuestas en una deteriorada silla hasta que esté listo el arreglo.

Y al flaquear la tarde, cuando ya dabas el día por hecho, redescubres la quietud y dará comienzo lo más fecundo del día. Otros más sabios ya lo habían aventado, pero a ti te ha llevado años colegir en profundidad que si uno se queda quieto en un sitio le cundirá más que en galopante corretear de aquí para allá. Un ver menos para ver más. Y ver más no significa otra cosa que revalidar un inventariado de los cuantiosos detalles que se escapan a la comprensión.

Sin moverte de la silla, te pliegas en palmaria holgazanería a huronear en la anatomía de los quehaceres. Una madre barre la acera con un bebé a la espalda, el cual nunca llora. Cartones y tablones tachonan los vanos de muchas ventanas. Unos porteadores de escuchimizadas piernas, encorvados bajo una alta pila de bultos, parecen querer batir la plusmarca mundial de lo que puede acarrearse a las espaldas. Un amasijo más o menos esférico de trapos sirve de balón a unos colegiales. Un borracho andrajoso rellena una botella de plástico de dos litros con los restos de cerveza de los cascos de vidrio cuasivacíos de las mesas de un bar. Unas bachilleres forran unos libros con papel de periódico. Cuatro o cinco miembros de una familia circulan arracimados en asmáticos ciclomotores con las plantas de los pies rozando el piso. Una niña rebusca cerillas por el enlosado y las mete en la caja que luego te venderá. El dueño de la cestería chapa su local con unas planchas metálicas que engarza con una veintena de candados. Los que regresan del mercado a las aldeas con sus reatas de burros miran de reojo las casas como si alguna vez quisieran mudarse a ellas. Pasa y pasa gente atareada y aún te queda mucho para atreverte a borrajear cábalas en torno a sus afanes.

Perdida la noción de cuánto llevas mano sobre mano, el ocre de los tapiales de barro acentuado por la reverberación de las gamas cobrizas de los rayos sesgados del atardecer hace las veces de las manecillas del reloj que no has consultado y te preguntas si esas horas haraganas y fútiles de asueto podrías denominarlas como horas de provecho.

Ya hace demasiado que asimilaste que cada viaje comporta añadir un goteo de esperas a tu imperecedera llovizna de esperas. Esos interludios bobos y ociosos en los que esperas que pase algo y nada pasa casan con tu esencia cosida de mañanas que ya fueron y nunca llegaron. Con las luces desmayadas del día en modosa retirada, permaneces en relajo obnubilado con la belleza del curso de la sombra esparciéndose a compás sobre todas las cosas vivas y todas las cosas muertas.

IV

SOBRE LA NATURALEZA DEL CONSUELO

Ya ni te mortificas por no haber ansiado nunca estar pendido de un arnés en una pared del Himalaya, navegando al timón de un velero que doblase el paso Drake, guiando un trineo de perros esquimales por tempestuosa tundra en el Ártico o rastreando vestigios de nuevas especies en manglares del mar de Célebes. Tu arrobamiento tardío con la naturaleza convida a desenvolverte por lo tibio de menor fiereza desprovisto de amenazas. Al menos, ya acaricias la sapiencia suficiente como para quedar conforme con haber incrementado la frecuencia de tus zigzagueos por los alrededores de aquellos pueblos de aledaños silvestres de gentiles hechuras.

De buena mañana te propones seguir el curso del río de aguas mansas a cuya vera creció el pueblo. Tus andares te llevan corriente abajo sin salirte de la vereda que corre pareja al cauce. Aquí unos niños se bañan en una poza, allá otros metidos en el agua hasta la cintura pescan a dúo amarrando la red por los bordes, acullá unas lavanderas hacen colada de prendas y las tienden a secar en la hierba. Por último, unos muchachos lavan una camioneta estacionada en el terraplén que sirve de rampa para el abrevadero del ganado.

Aminoras el paso al llegar a un meandro. Antes de que la revuelta te haga perder de vista el pueblo, te detienes a mirarlo. Como apuntan los adictos a pinacotecas, alejándose unos pasos puede verse mejor que de cerca. La distancia resalta la delicadeza sin par de la arquitectura vernácula. El parentesco de los materiales, la armonía de los pigmentos o de los maderos de las vigas, las tejas irregulares, la altura gemela de las casas, el laberinto de callejuelas, todo el conjunto se encastra con el paisaje como si brotase mismo del suelo. Nada lleva la firma de un licenciado, pero no se concibe mayor hermosura para el lugar.

Te separas del río, dejas atrás los huertos de la vega y culebreas por andurriales frondosos. Eres un neófito, no das la talla de aficionado a la zoología o la botánica, pero te complace que cada vez interpretas mejor el lenguaje del ciclo agrícola, de las hendiduras de la intervención humana en la orografía, de todo lo que la corteza de un ecosistema cuenta acerca de la historia, el carácter y la brega por la subsistencia de sus pobladores. Anotas lo que sondearás mañana cuando pasees con quienquiera que trabes simpatías en el pueblo. Una ligazón de preguntas y escuchas resumiría lo que son las pláticas que entablas: preguntarás por esa sementera roturada, ese enervante insecto zumbón, esa gruta entibada, ese cactus de intimidatorias espinas, esos excrementos resecos, esa desconcertante hojarasca que revolotea junto a un árbol muerto. O por los palos que emplean para las cercas o por la lana de las zamarras, pues has detectado que en la región casi todo es de manufacturación casera confeccionado con elementos tomados de la tierra, mientras que tú, prototipo de la inutilidad, no has fabricado nada de lo que tienes ni sabrías cómo ni con qué elaborarlo.

En una dinámica de acción, el paseo, la quietud y el silencio —joyas preciosas del viajero— arrinconan la eclosión de impactos, aplacan las ansiedades y alientan un grato ensimismamiento. Ninguna originalidad en esta paz que te distingue y te lleva en volandas: en ese mismo tris habrá en todo el orbe millares de caminantes sumidos en dormideras de aflicciones hermanadas con las tuyas. Nada novedoso sugerirías sobre la tranquilidad y ligereza que se respira en la naturaleza que no hayan alabado otros con insuperable magisterio. Te satisface la poquedad de ser tan solo uno más de los meditabundos que, a solas y a cielo abierto, se aquietan con reflexiones sedativas que fluyen dócilmente hasta evaporarse en el olvido.

El agua no vacila y encuentra su camino, le basta con la ley de la gravedad, pero tú tardas en dar con el tramo donde se ubica el puente de arcadas vencidas que divisaste el día anterior a bordo del aletargado pontón en el que el bus vadeó el río de una margen a otra. En el embarcadero te contaron que lo bombardearon durante la última guerra y nadie sufraga su reconstrucción. Llevas unas semanas en el país y te sigue pareciendo increíble que seis años antes unas gentes tan melosas contigo se mataran entre sí tras un estallido de violencia étnica. Poco más conocerás de primera mano: no eres de presionar para sonsacar lo lacerante, pero prestarás oídos a los dados a las confidencias que necesiten exteriorizar lo que les abrasase.

Antes de remontar el río, te sientas en un tocón del puente. Haces un barrido con la mirada y quedas prendado de la panorámica. Reina la melodiosa partitura de los acordes que despiden el agua, la flora cimbreada por la brisa o el aleteo de las aves.

Se viaja a la caza de portentos de toda índole y los más halagüeños son de poca monta, volátiles y quebradizos. Enroscado sobre ti mismo en idóneo belvedere, nada envidias, rezumas sosiego. Quedo a quedo, te envuelve a la sordina un halo de felicidad y se apodera de ti más tiempo de lo que tu escepticismo daría por verosímil; esta insolente y falaz enajenación atenta contra tus principios, no has saltado meridianos para decaer en semejante ridículo y ordinariez.

Cuando de viaje te arrellanas en un remanso de levedad donde te abraza con sigilo la belleza del consuelo, queda más próxima la hora de remover humores y coger el hatillo para seguir peleándote con tu lastre de demonios en algún inclemente pedregal.

V

SOBRE LOS DONES DE LA IGNORANCIA

Peca tanto de ignorancia quien viaja a un lugar sin
haberse ilustrado sobre el mismo como quien pen-
sara que por haberse documentado sabrá lo que se
va a encontrar. Pero solo pecará de ignorante quien
se marche de un lugar creyendo que lo ha agotado
y habiendo visto todo lo que valía la pena ver.

El desconocimiento que debió evitarse viene
deslucido por el marchamo de la desidia. La
reprimenda se presupone legítima: es indisculpa-
ble viajar a un país sin ponerse al corriente de su
régimen político, del ascendiente de la religión,
del acatamiento de los derechos humanos, de
las columnas que sostengan su economía, de sus
conflictos bélicos. Aunque siempre será somero

el estudio que consagramos al destino, despuntan deberes básicos que cumplimentar antes del control de aduana, los cuales, a nada que se domeñe la pereza, ahorrarán horas baldías en recabar una información que siempre se tuvo a tiro.

No se aconsejaría llegar a un país como se llega a un lienzo en blanco, sino como a los bosquejos de una escena de colores y volúmenes difuminados donde las figuras están lejos de haber adoptado la disposición definitiva en el cuadro. Se ha delimitado el marco, pero tan en ciernes se halla el croquis que, por no adivinarse cómo acabará luciendo la composición, se ha de estar predispuesto no solo a rectificar o emborronar, sino incluso a arrojar a la papelera todo lo previamente abocetado para escorarse hacia una nueva e insospechada perspectiva.

En el bautismo de fuego en un país, sin más herramientas para la disección que los sentidos, uno se batirá entre corroborar dictámenes de fuentes de fiar o desmontar prejuicios que asoman desacertados. En esta tempranera y vertiginosa labor de acecho, la urgencia por llegar al tuétano enturbia las conclusiones del razonamiento mesu-

rado. La gula y el empacho seminal deparan al paladar un manantial de sensaciones de espléndida viveza, pero ese apetito desorbitado se adensará como neblina que empaña la clarividencia.

Un enemigo de quien quiera empaparse de un lugar será el apremio por tipificar. Ni personas ni lugares existen para secundar la inclinación por la síntesis de uno. La coquetería intelectual tiende a condensar una ciudad en un olor o una tonalidad cromática, la agudeza del ingenio se empecina en abreviar en un adagio lo peculiar de un pueblo. Frente al trazo grueso con que la dejadez de la perspicacia constriñe a las gentes en estereotipos y los sitios en frases lapidarias, el buen juicio claudicará ante los contrastes de una amalgama de rasgos poliédricos. Cuesta sustraerse de la tentación de describir el alma de un país elevando anécdotas propias a categoría, pero, en puridad, toda reducción es tramposa, todo arquetipo una caricatura que derribar, toda ínfula de erudición engendrada en un viaje una petulante impostura.

Hablar de un viaje enriquecedor es hacerlo de un viaje de aprendizaje, incluso desde la óptica de un ducho ciudadano del mundo que se vanagloriase de haber superado tal rito de paso. Rejuvenece revestirse del papel de un bisoño estudiante vocacional y se celebrará instruirse en aquello cuya existencia ni siquiera se prefiguraba; a cada rato se ensanchará una chocante materia de examen enardecedora de la curiosidad. Sabrá de la pluralidad de paisajes y costumbres, repelerá los tópicos y se convertirá en alérgico a pontificar. Como acontece con las ramas de cualquier ciencia, trastear sobre una disciplina viene aparejado de un engorde de lo complejo pendiente de desenmarañar.

En este gatear pordioseando una gota de sabiduría adulta se concita la paradoja de que la ignorancia va de menos a más. Si uno hace escala en una ciudad, la dará por vista con ágil pincelada. De dormir unas noches, despachará el talante de sus habitantes a vuelapluma con un par de adjetivos y un puñado de charlas puntuales le bastarán para tomar el pulso a la nación. Si pasa una quincena, aún tendrá, pese a que ya se habrán tambaleado una plétora de clichés, las recetas que subsanarían los males que asfixian al país. Al cabo de tres semanas, se habrá codeado con un crisol de temperamentos, de hoscos a risueños, y la solución de lo elemental ya colisionará con obstáculos de consideración. Transcurrido un mes, se abstendrá de verter presuntuosos veredictos contundentes. En la partida, el retrato del país será un borroncillo con lagunas en blanco y unos garabatos cuyos enrevesados contornos nunca llegará a redondear.

Casi nada será del todo como a uno se lo habían contado y, si le pellizca la modestia, casi nada será del todo como uno a sí mismo se lo acierte a contar. Mas se habrá recopilado una madeja de impresiones cuyo hilvanado quizá contenga algún pespunte fidedigno. Algunas aristas se clarificarán con meses de retardo, otros claroscuros permanecerán inescrutables. Y esta confusión sin remedio servirá de recordatorio de que también se viaja para fondear en lo que uno ni sabía que no sabía.

Nada esquiva mejor la decepción que el gozo sensual afortunado que irrumpió de manera casual sin haberlo ido a buscar. Se aferra con firmeza el conocimiento veraz que cristalizó de manera fortuita y que, por su singularidad, en ningún otro recoveco del mundo se hubiese podido alumbrar. Poco reverdece más el corazón que deambular errático y toparse de sopetón con el mirífico regalo de un recodo de belleza que, por simple ignorancia, no se esperaba hallar.

VI

SOBRE LA DESNUDEZ DE SER UN NADIE

Con mayor o menor diligencia nos pasamos la vida esculpiendo la efigie que exponemos ante los demás; con desiguales resultados la misma nos capacita en nuestro ambiente para abrirnos puertas así como para cerrarlas, para congeniar de buenas a primeras o para atrincherarnos tras el escudo de lo huraño. Sea más o menos consciente, la máscara que mostramos ante los otros funciona entre aquellos que se manejan con códigos análogos. Una travesía por lo menos surcado de otras culturas, allá donde se desmantela el teatro que acoge nuestra representación o espontaneidad, pondrá a prueba nuestras facultades para valernos por lo connatural de nosotros mismos.

Sin avaricia por ir a localidades de relumbrón, pongamos que viajas en un herrumbroso cacharro por una zona montuosa misérrima y oprimida, una rotura del motor desbarata tus esquemas y te deja tirado en uno de esos viveros de fatalidades donde las adversidades ajenas te recuerdan que al nacer no todos tienen las mismas oportunidades y donde quejarse de algo sería actitud rayana con la indecencia.

Sea elegido o no el alto en el camino, los imprevistos en aldeas lacrimosas relegadas a la orfandad generan una dependencia de los demás. El sitio carece de suministro eléctrico, no hablas el idioma, el mínimo dinero en efectivo que tienes allí no sirve, te resultan indescifrables las reglas de etiqueta. Desubicado, eres un nadie que nadie conoce, un intruso que ningún beneficio tangible o lucrativo reportas, que se irá pronto y del que nunca volverán a saber. Vulnerable, precisas de su ayuda y generosidad; tu salvavidas será lo ingénito que trasluzcas.

La desnudez e indefensión convocan el imaginario de lo primigenio. Serán inoperantes las florituras del verbo, las convenciones sociales, las argucias del

fingimiento. Hablarán la bonhomía y la expresión corporal, callarán currículum y billetera. Fructifica un adanismo donde uno, en vigilancia de sí mismo, valdrá lo que valgan la dulzura del tono de su voz, la suavidad de sus gestos, lo empático de sus ademanes, lo amical de su semblante.

Altruismo que a tantos viajeros protege, quienesquiera que se hayan visto en estos apuros referirán similares dechados de beneficencia. Por ser una aldea sin hospedaje de pago, alguien te ofrecerá ser su huésped. Te cederán el colchón, te prestarán una manta, encenderán unas velas para espantar a los mosquitos, posarán a tu vera un cuenco con agua. Oficiarán de lazarillos y ahormarás tus brujuleos a su tutela: te alertarán sobre barrancos con desprendimientos, plantas venenosas, aguas nocivas, sobre la picadura de reptiles y serpientes o fieras salvajes que pudieran atacar. Tus anfitriones te reservarán el trocito de carne que les tocaba esa semana, te prepararán un ungüento curativo para las quemaduras en las mejillas, querrán remendarte los bajos deshilachados de los pantalones, irán en tu auxilio si al oscurecer no has regresado de tu excursión por las quebradas. Serán tus mentores en tus pesquisas sobre cuestiones como el cultivo del cereal, la tala de la leña de los fuegos en los que cocinan, los cerros donde pace el rebaño de cabras, los rudimentarios telares en los que tejen los chales o los hornos donde cuecen los ladrillos de arcilla. Eres el frágil cachorro amedrentado que recibe los cuidados de la manada; te arropan con la sequedad de su ternura, te agasajan con sus humildes dádivas.

Te encomendaste a tus ángeles de la guarda y estos se volcaron en ti sin esperar gratificación, bien porque supiste granjearte su confianza, bien porque la inspirabas, bien por su propia dignidad. A pesar de su déficit de recursos y precariedad, comprobarás que este decoro misericordioso lo llevan a la práctica con sus vecinos, con ancianos desvalidos, con tantos desharrapados e indigentes, con parias y lisiados que obtienen la manutención gracias a la caridad de los que arrostran sus mismos retablos de dolores y apenas tienen una pizca que dar.

Cuanto más se prodigan en compasivas atenciones, más te deslavazas, más enjuicias tus macas, más te agrietas. Sabes que antes de abrirte te habías cerrado. Te reconcome cómo, días antes, te desembarazaste de tantos apaleados cuya facha te daba mala espina y que, tal vez, solo quisieran una limosna o conversar. En lo tocante a aplaudir que los otros te hayan juzgado por lo que emanas y no por las apariencias, indumentaria, color de piel o lugar de procedencia, no eres el indicado para impartir lecciones morales, sino para recibirlas. Y esta constatación amotina tu comportamiento y provoca que revises enquistadas pautas de conducta.

En tierras desangeladas se revitalizan los debilitados conceptos de utopía y fraternidad. Víctima de un sarpullido de alborozo, compondrás una loa a la bondad innata del ser humano. Caes en el embuste de una apología de la solidaridad porque has sido objeto de ella, mas la presunción se despedaza al confrontar que el modo en que se apiadaron de ti está a muchas leguas del modo en que las sociedades de uno se portan con los más necesitados venidos de fuera. Que los lugareños te brinden asilo en la intemperie se troca en beatitud trémula una vez que reconoces que dispensar amparo es bienaventuranza que no debería depender de si eres tú el que viajas o si es otro el que pisa las avenidas de tu ciudad natal.

Qué belleza tan conmovedora se aviva en la hospitalidad de quienes te ofrecen refugio en la tormenta padeciendo ellos tormentas y tormentos en grado sumo.

VII

SOBRE EL IDILIO CON LAS SOLEDADES

Quedan almas cándidas que identifican a los naturalistas que viajan a vastedades deshabitadas como gentes comprometidas infundidas de buenos sentimientos. Aun sin refutar tan filantrópico postulado, quisiera airear que el rastreador de bellezas suele ser alguien que desea lo lírico solo para él y bien pudiéramos subrayar el egoísmo como el defecto más común que enseñorea a esta clase de viajero.

Por buena persona que este sea, diríase que aquel que parte tras lo insólito sin celebridad en poco difiere del mocoso de cuatro años que en la fiesta de cumpleaños de un amigo agarra un regalo que no es suyo, se aparta del jolgorio infantil con la caja en las manos, se va a un escondrijo a jugar a solas con el juguete y rompe a llorar enrabietado si le piden que lo comparta.

Para mucho avezado trotamundos, el valor de un sitio es inversamente proporcional a la cantidad de visitantes con los que coincida. A mayor número de boquiabiertos que se deleiten ante un monolito legendario, con menos elogios lo alhajará. Sabe que, en buena lógica, las cualidades de un templo de la antigüedad no dependen de si soporta o no aglomeraciones, pero saberlo no atenuará su desdeño. Un lugar no tendrá la misma estima si se accediese tras ardua marcha que si se llegara por una carretera atascada por una caravana de autocares con pelotones de foráneos. En una crónica informal, pondrá más énfasis en una reliquia de famélicos atractivos espulgada sin nadie en derredor que en lo excelso visto en grupo. Pudiera inferirse cierta aversión por la gente: inexacto enfoque, le interesan los autóctonos, solo rechaza la gente de fuera, la gente que es como él, pero, vanidad de vanidades, que es reacio a aceptar que sean como él.

Expuesta esta diatriba contra la vertiente posesiva del viajero, antes de dictar sentencia conmino

a su impugnación pregonando que muchas de
sus vergüenzas son dignas de absolución. Si se es
honesto, se admitirán las reticencias por atrave-
sar un publicitado desfiladero guardando cola en
hacinada fila de excursionistas, pero la asunción de
dicha tara es toma de conciencia inútil. Individua-
lismo inofensivo y tolerable que a nadie perjudica,
se concede que se apuntala sobre erróneos cimien-
tos. Suscrita la confesión, se recae impunemente
en el ruego de exclusividad sin someterse a castigo
ni a propósito de enmienda.

Nos encariñamos de personas, nos encariñamos de una escultura de mármol, nos encariñamos de canciones, nos encariñamos de un relieve amarronado del globo terráqueo sobre el que deslizábamos la yema del dedo índice en la escuela. En estos parajes se encuadran novelas, documentales o películas que nos encandilaron. Décadas después de incubar el embrujo, se reúnen fondos y tiempo y, con inmejorable predisposición, se parte con el presagio de que se agrandará el enamoramiento. Y cuando apenas faltan unos kilómetros, se acaloran las dudas y temores de primera cita con quien se columbra una alianza con visos de eternidad.

El arribo al destino dorado clama por un coloquio en soledad. Como todo lo entroncado con las impaciencias del corazón, se recela de que puedan espiarnos los adentros. Se pone el flechazo en observación y nada debe distraer de la pudorosa declaración de amor que aguarda ser correspondida. Sea una fragosa bahía, sea un arriscado farallón, se procura que el sitio le hable a uno y embalsamar prístino aquel embeleso. El brote de afectos desaprueba la intromisión de testigos; por los sacrificios afrontados para haber llegado hasta allí, se cree uno acreedor de un diálogo en la intimidad y le perturba que terceros anublen el hechizo.

El idilio con los reductos desechados por la mayoría encierra el acicate de que el mundo puede ser un mundo mejor. Al ser bien pocos los que se abruman ante estas maravillas, se vivifica una poética de la resistencia, una ética de la preservación, un acendrado alegato para frenar el ecocidio del planeta. Querrá este viajero que otros afines se acerquen una vez que él se haya ido; se congratula de haberlo conocido antes de que en este hábitat natural se imponga un arrasamiento de ángulos rectos, uniformidad y hormigonado. De quedarse una temporada, su narcisismo encogerá al dilucidar que su amor no deja de ser un flirteo si lo coteja con el amor conservacionista de tantos nativos o de tantos pioneros que allí se afincaron. Estos valedores son los genuinos custodios del edén y él no es más que otra ave de paso del sinnúmero que están por llegar. La proliferación de bienintencionados hará que la cabaña donde se alojó sea un complejo hotelero; las espesuras en las que se desorientó, una ruta de senderismo señalizada; la calleja de charcas y barro donde trastabilló, una calle asfaltada a cuyos flancos se abrirán unas cuantas franquicias; el aire puro que exhaló, uno más contaminado.

Hasta entonces, seamos indulgentes y asintamos con que un robinsón de exiguo peculio y longevo memorial de daños y tristuras viaje a un postrero confín, encumbre sin nadie a la redonda una colina al atardecer, contemple desde la cima unas soledades con aromas de tierras vírgenes, sus pupilas ardan con una arrebolada en la línea del cielo de poniente y el muy egoísta, el muy iluso y egoísta, enloquezca con la ebriedad de creer que a él, solo a él y a nadie más que a él le perteneciera aquella irradiación de belleza.

VIII

SOBRE LA LLAMADA DE LA AVENTURA

Un viaje poco diferirá en su armazón de todo relato
de la persecución de un sueño. Como la vida, la
mitología o la carpintería de la ficción se obce-
can en prevenirnos, fijarse una meta implica que
asaltarán escollos para su consecución. Según la
profusión y lo afilado de los clavos que jalonen las
andanzas, lo llamarás problemas, lo llamarás aventura, lo llamarás desastre, pero jamás te arrepentirás
de haberlo emprendido. Aunque no se llegase a lo
apetecido, tales son las excelencias que orlan el viajar que nunca se tildará la intentona de fracaso.

Desterradas de estas disquisiciones lo abomina-
ble, tétrico o luctuoso, mala época esta para fabular
con efluvios de las aventuras que nos estremecieron

en la pubertad, cuando los duelos a sangre y fuego tenían aires jocosos, las causas eran nobles y puras, el bueno ganaba a los malos y los finales siempre eran finales felices. Ningún barniz de comedia chispeará hoy en verse involucrado en un abordaje y secuestro por piratas del Índico y solo un necio e insensible verá tonificante quedarse atrapado en una rebelión con cadáveres diseminados por las aceras por muy peliculeras que resultaran las localizaciones. Malograda esa ingenuidad de tebeo de la que ningún infante fantasioso quiso desasirse, aún persisten resquicios para las pulsiones que borbotean cuando sobre uno se ciernen acechanzas y peligros.

En un viaje largo sujeto a la buenaventura, si todo sale rodado es que algo se estará haciendo mal. En lo concerniente a correrías, la cautela poco aporta que reseñar; por recuperar algún ingrediente tolerable de ella, a la larga es la que hace que vuelvas sano y salvo, así de alicorta es su insípida gracia. Siempre ejerciendo de centinela, hará que renuncies a antros en suburbios con alta tasa de criminalidad, que rehúyas el follaje de la jungla, que te zafes de siniestras compañías. Por preca-

vido que uno sea, cuando se agolpan las distancias
nadie será inmune a los aguijonazos de los contra-
tiempos. En todo historial que se precie figurarán
atracos, el hurto de documentación o del equipaje,
una intoxicación alimentaria, una noche de sobre-
saltos al raso en mitad de la nada o una premura
por volver y perder el último tren que circulara,
por mucho que luego se interprete como un acto
de coherencia con la propia biografía.

Con excepción de los estoicos o de aquellos
virtuosos en cuya paz interior se personificasen las

perlas filosóficas de Oriente, todo revés solivianta, pero el tiempo repintará las contingencias enojosas con el brillo en tecnicolor de lo entusiástico. Si no consumió excesivas horas, el descalabro pecuniario fue llevadero y ninguna sajadura quedó sin cicatrizar, lo exasperante se dará por bien empleado al reescribirse como una vivencia de las que forjan temples acerados.

La suspensión de la prudencia es transgresión tan vehemente como excitante. Dará origen a lances vibrantes y rocambolescos fruto de una aguerrida toma de decisiones conscientes en las que se asumen los riesgos. Unas vicisitudes, podría así simplificarse, que pudieron haberse soslayado de no haberse uno puesto adrede en jaque. Sin nadie para atestiguarlo, se testa el arrojo sin necesidad, se lanzan órdagos a la integridad física y se echa valor a lo que requería dosis de valor. Salga el reto cara o cruz, puede uno proclamarse victorioso por el solo hecho de haber reunido agallas para acudir al reclamo de lo indómito.

Acordemos que para el vagante occidental las proezas novelescas de antaño adquirirán en nuestro siglo el perfil bajo de los percances. No se forzó el verse en un brete, pero se sobrelleva con mayor entereza si uno apecha con que podría acabar con el filo de un machete cosquilleándole la nuez cuando apostó por ir a una costanera de palmerales porque oyó que era territorio sin ley del narco, con la comisaría más cercana a un par de horas. O cuando ha de bajarse de puntillas del vehículo cuyo morro pende en el vacío de un despeñadero andino, advertido como estaba de que los neumáticos carecían de dibujo y la carretera de quitamiedos. O cuando en una ciudad sagrada de Asia donde está proscrito el alcohol se deja engatusar por unos crápulas para beber en un garito clandestino y levitando en nebulosa deduce que lo que fumaba en las pipas no era tabaco, sino opio. O cuando, aterido, le castañean los dientes debido a la pésima idea de ir a dormir a cuerpo descubierto en un ventisquero sin ese equipamiento de montaña que ahora entiende por qué se lo enfunda esa gente que escala montañas. O cuando en una población del gran valle del Rift desoye regañinas y en noche cerrada fisgonea extramuros entre las vendedoras de las ramas de *khat* y se ve acorralado por las hienas que bajan de las lomas a olisquear entre los desperdicios.

Ninguna hazaña ni heroicidad se protagoniza; sin embargo, puede uno enorgullecerse de haber espoleado lo trepidante que hizo añicos un insulso memorando, de haber doblegado una aprensión hija del acobardamiento, de haber desafiado las emboscadas de lo osado y selvático, de haber noqueado una sensatez que torpedeaba explorar los límites a unas peripecias donde se encrespaba un bravío torrente de emoción.

Recobraste latidos del valiente que en la puericia vaticinabas que llegarías a ser, fuiste leal a un corazón que clamoreaba por acelerar las pulsaciones que se exaltan en la búsqueda a todo trance de un improbable cofre del tesoro, atendiste con presteza y coraje al fervor de la aventura y, de esto se trataba todo, te henchiste de la belleza de haber vencido algunos de tus miedos.

IX

SOBRE DEJAR DE VIAJAR
DENTRO DEL VIAJE

Rebasado el ecuador del viaje, la voracidad demanda ayuno antes de volver a ser cebada, el frenesí se apacigua sin nuestro consentimiento, el ímpetu insta a que se le ponga freno, el sueño suplica por ser reparado. El cuerpo acusa el trasiego e implora por que sea atendido el descanso.

Accidentalmente o no, recalas en una población sin pompa de unos centenares de habitantes. Quizá repose en la garganta de una sierra, en desabrido páramo o en los brazos de una caleta. Enclave recogido a desmano de las vías principales, se presenta como un apacible microcosmos desligado de las convulsiones del país. Nada notable que ver a prima faz; nunca motivaría el viaje y sus recatados imanes palidecen ante los de lugares más nimbados. Para matar el aburrimiento hasta que acuda al rescate un microbús, recorres el pueblo, bonito a secas, sin exagerar. Ningún monumento que ver, ningún otro occidental, solo un sitio para comer. El único lujo del que haría ostentación sería el refinado sibaritismo de la imposibilidad de conectarse a internet. Y pasas frente a algo menos que un hostal gestionado por la familia que allí vive. Dispone, por un coste irrisorio, de una habitación aseada con vistas al patio. Derrengado, decides pernoctar una noche. Iba a ser un receso para reponer fuerzas y ahorrar, pero te levantas desmadejado y extiendes la tregua un día más.

Mermadas las preocupaciones, la jornada se diluye en deliciosa calma. Lugar desganado donde bajar la guardia, saludas afablemente a los desconocidos, husmeas en los corrales, te siguen media docena de niños, te reblandeces con los malvas del celaje. Comes lo mismo que el día anterior y te han tratado como a un cliente habitual. Sesteas tras el almuerzo y sintonizas con los del hostal. En tu ronda vespertina, te tropiezas con los mismos

que por la mañana y cruzas cordiales palabras con
ellos. Tras la cena, avisas que te quedas otra noche.
No pasó gran cosa, salvo que no deseaste nada que
no tuvieses.

Y en los cuatro días siguientes das ese gran salto
a la camaradería que supone llamar a las personas
por su nombre. Te animan a pasar a las viviendas,
pruebas los licores que te sirven, enmudeces ante
el altar familiar, te regalan un dibujo hecho por los
pequeños, te acompañan dondequiera que vayas,
que suele ser a ninguna parte en particular, sigues

probando licores que aún no habías probado. La comunidad, tal vez acomplejada por la falta de atracciones al uso, te ofrece alternativas de ocio que supuestamente entretendrán a un forastero. Te llevan a pescar al lago y nada pescas, te muestran las obras del canal de riego, te enseñan el desvencijado galpón que quién sabe cuándo albergará una biblioteca, te tratan como a un viejo amigo y, para qué diablos escarbar más, se portan como si lo fueran. Y estas idas y venidas sin nada memorable adornan unos ratos perdidos de placebo en los que te olvidaste de lidiar con tus más labradas cuitas.

Aunque distas de ser de los que huían de la rutina, te regocija atarte a nuevas rutinas. Si es una villa costera de pescadores en los trópicos, estarás pendiente de cuándo salen a faenar, de a qué hora pasa con su carrito el heladero, reconocerás el rechinar del carro de reparto de bidones de agua, buscarás el rayo verde en cada puesta de sol. Y abrirás la novela que trajiste para el viaje y, con lo acuciante anestesiado, la leerás en la hamaca de siempre a la hora de siempre con la placidez que siempre te acuna en tu rincón. Tanto te sonríe la bonanza que te otorgarás el capricho de ser una de esas personas entrañables que manuscriben cartas con fruición a cuantos se quieren y extrañan.

De tanto departir con unos y otros te interesas por los eventuales servicios médicos, la pensión de jubilación si es que la cobrasen, si hay establecido un salario mínimo, las tarifas por arrendar un ranchito o cuánto les pagan por las capturas. Aunque eres fanático de estampas bucólicas y menos de cómputos contables, admites que si no sabes de la intendencia doméstica es que no tienes ni la menor idea de sus fatigas. Te da por pensar que hasta entonces tan solo rasgabas en la superficie y que ha sido al desperdigarte cuando has comenzado a percatarte de algo de enjundia.

Al final, te arrullaste once noches en el sabatismo. Te corroe la picazón de que no has sobrevolado un océano para quedar preso de un lugar que ni sabías que existía, a nadie recomendarás y donde tan a gusto estás que jamás cometerías el disparate de volver. Culpabilizándote por dilapidar el tiempo, repasas el calendario y ya, irremediablemente, eliminas alguno de esos emblemas del país con la vitola de imprescindibles que abochornará irse sin ver. No obstante, postergarás un día más la partida porque el sitio ha dejado de ser un sitio y ha pasado a ser un bálsamo.

Cuando al regreso te interroguen por tu andadura, ninguna mención harás a esta prolongada estadía, puesto que a nadie, ni siquiera a ti mismo, sabrías explicar por qué permaneciste tanto en tan irrelevante esquina solo porque prometiste a un niño que el sábado irías de espectador al partidillo de fútbol escolar, porque te intrigaba cómo se las apañarían para el techado de palma de la pérgola del malecón, porque te cautivó una perra sin amo tuerta, esquelética y renqueante a la que dabas lonchas de embutido, por averiguar si se estiraría veinticuatro horas más la inaudita e inesperada belleza de encontrarte en concordia con el mundo.

X

SOBRE EL OTRO COMO MIRADOR
DE UNO MISMO

En una solemne declaración de intenciones de un viaje a una cultura diferente se promulga el empeño de ir al conocimiento del otro. Encomiable finalidad de conspicuo rango humanista, su exposición se articula con irrebatible empaque intelectual. Enunciados unos objetivos sin fisuras en su tesis y andamiaje, cada quien consignará el testimonio de sus experiencias y cada cual confesará con mayor o menor sinceridad su éxito en el cometido. Uno, piélago de limitaciones, proclama sin ambages que siempre ha naufragado en la tarea.

La aproximación al otro hace hincapié en el respeto y se entrevera con panegíricos a la tolerancia.

Podría sin trabaduras explayarme en sendas virtudes inmarcesibles, pero daremos por sentado que quien esto lea es veterano militante de ambas. Donde el discurso se vuelve difuso sería en el conato de precisar el acto de sumergirse en el otro. Diría que la pertinacia se queda sin recompensa. La frustración no se basa en desentenderse de la cuestión, al revés, estriba en unos denuedos por aprehender de infructuosos resultados. Con la misma naturalidad o altivez con que aseverarías que los demás nada saben de tu privacidad, habrás de concluir que tú tampoco rozas el tuétano del otro.

Será en lo mundano donde se licita un acercamiento creedero. Más aún que por lo absorbido en los viajes, uno elucubra con que conoce al otro por las narraciones de ficción. El sentir de sus personajes cimenta el convencimiento de una universalidad en las turbulencias de la cabeza y el corazón. De tal manera, puedes comprar unos mangos a una chica bajo el diluvio de un monzón y conjeturar que alimente la expectativa de dejar el cuchitril donde duerme para alquilar un apartamento que no se inunde, le conturbe el bienestar de los suyos o ande alborotada por pendencias de

amor. Quizá aciertes, pero si la sigues a su hogar
verás que su familia se divierte con juegos que te
dejan perplejo, que educan a los hijos en doctri-
nas sin trabazón con las tuyas, que se te atraganta
la insuficiencia de un entramado de concomitan-
cias. Y cuando se quedan absortos escudriñando
una nada, son arca cerrada, y ni por asomo se te
ocurre rellenar las cavidades de lo que pudieran
discurrir sus mentes.

La piedra de toque sobre el muro de enig-
mas que te separa de otras civilizaciones alcanza

su paroxismo en celebraciones paganas, desfiles militares, ejercicios físicos ejecutados al unísono, intrincados ritos funerarios o en multitudinarias ceremonias religiosas en santuarios del oriente. Al observar contorsiones febriles en danzas tribales, cómo entran en trance en ofrendas a los difuntos o a una grey reproduciendo idénticas liturgias ante dioses, tótems o ídolos, te sientes pez fuera del agua. Anonadado, le arrastran a uno a sinsentidos tales como el de esos deicidas recalcitrantes que propalan que si bien todos los credos son de sustrato falsario, unos son más dignos de fe que otros. Respetas, toleras, tu parte predilecta de ti desea fehacientemente una otredad en aras de penetrar en sus crípticos cultos, pero un yo suspicaz y censurable runrunea que obran alienados. Enconchándote ante lo hermético o de ininteligible significado, los patrones de otras culturas delatan de grado en grado la retahíla de acciones clónicas que, con equiparable peso, se repiten en la tuya.

El escrutinio de hipotéticos mimetismos ajenos aboca a un extrañamiento contigo mismo. Te deposita en un limbo en el que ya no estás seguro de cuánto de tu proceder se lo debes a lo que tu voluntad moldeó y cuánto más voluminoso es herencia de influencias grupales que no te fue dado elegir. Habías creído con cierta soberbia en un libre albedrío para el tallado de una personalidad que habría de ser única. El verte tan distinto al otro acrecienta las semejanzas con los de tu esfera. Se achica el mundo propio y engrosa el recuento de lo sustancial que te vino determinado por el ambiente en el que creciste. Te esfuerzas por destapar del subconsciente el dictado de automatismos adheridos subliminalmente en tu seno calcados a los de la sociedad a la cual perteneces. Quisieras despojarte del legado de tantísimo que tienes inculcado tal vez por burda imitación, te pasma lo poco y mal que te conoces.

El discernimiento de lo que ocupa al otro se transmuta sin remisión en mirador sobre uno mismo. Rodeado de un enjambre de extraños, te autorretratas como ínsula e, indefectiblemente, te guareces en las oquedades de lo introspectivo. Por lejos que andes de casa, por harto que estés de tu cara en el espejo, por radiante que sea la atmósfera en la que te imbuyes e imponente la envoltura del otro que codiciabas conocer, uno mismo y sus circunstancias retoñan, cual círculos concéntricos, para entronizarse como dominadores abusivos del pensamiento.

Día tras día te cruzarás con una espiral de seres que ni leticias ni angustias comparten contigo, que ambicionan otras cosas, que no han madurado con los referentes de tu generación, que apenas te dejan huella y ninguna huella dejas tú en ellos, porque ni han reparado en ti. Y todo ello, en suma, te dará la medida de la nimiedad que has enhebrado sobre el otro.

En el viajar, acongojado por la evidencia de que son miles de millones de personas ahora en el planeta que no saben ni un ápice de ti ni tú de ellos y más miles de millones los que han sido y serán, se conjuga la maldita e indeseada belleza de hallar alivio en una certeza sobre la nonada de nuestras quejumbres y contentos.

XI

SOBRE LAS EDADES DEL VIAJERO

De primero pensé que, frente a lo inmutable de tantos axiomas ecuménicos sobre nuestro ser, algunas máximas del viajar se cumplen a una edad y son inservibles para otras. Más tarde me apercibí de lo fácil que sería rebatirlo con ejemplos tales como que hay jóvenes desapasionados y mayores rebosantes de pasión. A seguido repesqué que de trecho en trecho mis yos resbalaban hacia un revoltijo de estados psíquicos sin atender a si serían propios o impropios de mis años. Por último, me decanté por una inacabada y arbitraria miscelánea de emociones que saltean al viajero y que fuera el lector o presumiblemente nadie quien, conforme a su criterio, las restrinja a una edad u otra, a ninguna o a todas a la par.

Una, en playa desierta de islote del Pacífico, se zambulle a plenamar en el labio de la ola que rompe con virulencia y se deja engullir por los remolinos, otra pasea descalza por la arena con la marea de bajamar en retroceso lamiéndole los tobillos.

Uno recrea en risco cortante frente a la lengua de un glaciar la dramatización del primer día de su nueva vida y desde el mismo borde del precipicio desaira los designios del azar conjurándose para cincelar sin injerencias su destino; otro se arrima con vértigo al abismo y, viendo crujir y desplomarse aquellas moles cerúleas, le sacude el espanto por el brusco final de los hielos perpetuos.

Una llegó a carreras justo a tiempo de subirse a un tren que salió con retraso, otra llegó sin prisas al andén con media hora de antelación a sabiendas de lo reiterado de las demoras. Una dormitará durante el trayecto y, sin embargo, retendrá lo que ojease por la ventanilla; otra va atenta tomando notas del paisaje en su cuaderno de bitácora mientras rumia cuán pronto se marchitará lo visto. Una, camino

del hotel por concurrido bulevar, festeja haber llegado en sazón para devorar ese rabioso presente en auge y ebullición; otra, retraída, da rodeos al tuntún por las calles adyacentes resucitando lo que aquella ciudad otrora fue.

Uno tira la mochila en la cama del hotel y se abalanza con ardor a las voluptuosidades dionisíacas de la noche, otro se acuesta temprano, persuadido de que quien pierde la mañana, pierde el día. Uno llega achispado al alba al hotel besuqueándose con la pareja que, tres horas antes, cortejó bailando; otro, recién levantado, lo ve llegar mientras sorbe el café y, aunque no descarta vivir un amorío que tendría que fraguarse a fuego lento en las finezas de la conversación, no es tan idiota como para ofuscarse con la chifladura de que lo suyo es mejor.

Una diletante en feraz guerra consigo misma se planta ante una encrucijada de caminos y, en exigencia de un giro radical, lanza una colérica plegaria a los astros para que le revelen la vía por la cual encarrilar los desaprovechados y por nadie reconocidos talentos que cree poseer; otra toma una bifurcación cualquiera sin ponderarlo, toda vez que le basta con viajar para orearse de las angostas paredes de su casa, las cuales, aunque lejos de los primores soñados, ya ha aceptado con templanza que constituyen su estrecho y benigno mundo.

Uno con la rebeldía por bandera alarga el viaje como contestatario símbolo de emancipación que lo distinguirá de unos padres que no lo comprenden y que, tan convencionales ellos, nunca vagaron a contracorriente como él; otro ha reducido sus viajes y acortado su duración porque teme que durante su ausencia les hiciera falta a sus padres, los cuales, por esto y aquello, nunca pudieron viajar como él.

Y cuando una u otro, sin importar la edad, alza con apatía los párpados y con mustio fraseo masculla «otro estuario», «otro oasis», «otra aurora boreal», ha desertado del viajar y no hace sino que trasladar su tedio e indolencia de ubicación.

Cuánto reconforta divagar con que al mayor y al joven les iguala el hálito soterrado de reavivar los viajes de una infancia en la que ambos quedaron conformados. Quisiera dar por incontestable que en la niñez de todos se acometen cruciales fugas del cordón umbilical para desembozar lo terrible o lascivo que encubren los adultos. Hablo del viaje en noche sin luna para colarse en un caserón vacío donde hubo un crimen y habita el maléfico espectro del asesino. De ese temblaque al dar pasos en los que cada minuto computa como horas, cada pasillo se antoja kilométrico y un ruido detona una huida en estampida. Del impúdico que trepó hasta la copa de un árbol para espiar a una pareja nudista al otro lado de un vallado. De la osada preadolescente que se creyó una nereida, braceó con marejada hasta traspasar la barrera del oleaje y, tras hacer el muerto en mar gruesa bajo aciago nubarrón, la resaca le impedía retornar a la orilla de piso firme donde discurre la vida de los cuerdos. Del inadaptado que en un campamento de verano se alejó del acoso de sus compañeros, en las entrañas del bosque se topó con un cervatillo aprisionado en un cepo, se vio reflejado en él y ambos se dijeron todo con la mirada.

Como quizá ningún viaje posterior excederá en intensidad a aquellas inmersiones en lo secreto, inquietante, lúgubre o prohibido, en la memoria subyacen ecos larvados de esos escalofríos, de unos ojos hipnotizados, de un tictac amplificado, de un corazón que bien se paraba de golpe, bien se salía del pecho.

En el buen viajar madurez y juventud convergen en los desvíos hacia lo oculto y temerario, donde a cualquier edad crepitan rescoldos de la criatura inocente que se adentra asustada y perdida en la belleza y los misterios del mundo.

XII

SOBRE OTROS ALBORES, OTROS OCASOS

¿Por qué eres devoto de lo que se extingue y te hastía lo que se expande? ¿Desde cuándo los sitios abarrotados te insuflan una sensación de vacío y los vacíos te deslumbran? ¿Por qué te parapetas en el desvarío de que fue mejor lo que dejó de ser? ¿Por qué arguyes que llegas tarde a las regiones donde llegan otros muchos? ¿Desde cuándo los paisajes que impulsaron el viaje deseas verlos en la alborada o en ardiente crepúsculo? ¿Por qué apelas por una globalización del progreso pero viajas a lo decadente o anacrónico? ¿Cuándo basculaste hacia lo anquilosado en un ayer si ese ayer nunca fue el propio? ¿Por qué de viaje aclamas la tosca callecita de fachadas moteadas de abruptos desconchados y donde resides frunces el ceño ante desportillado alguno? ¿Dónde te diste cuenta de que visitas cementerios donde yazca alguien a quien admiras y no tanto los lugares donde vivieron? ¿Cuándo comenzaste a preferir la casona decimonónica en ruinas sobre el palacete recién rehabilitado? ¿Desde cuándo al presenciar algo de realce que solo verás una vez pasó a predominar la despedida sobre el encuentro? ¿Cuándo vestiste de luto la remembranza de unas noches en tus abriles de un hedonismo cegador en el Mediterráneo? ¿Cuándo se ennegrecieron las líneas de tus diarios en señal de duelo por los viajes que nunca harás? ¿Cuándo supiste de la caducidad y lo inasible de la belleza contemplada?

A medida que se avecina el ocaso de un viaje se caligrafía el arco de su elegía. Desatiendes los nudos del medio para detenerte tanto en la semilla de lo que te incitó a hacerlo como en desenredar su desenlace. Al ir amenguando las fechas de estancia ganan terreno las personas que hace mucho que no ves, el cuarto al que volverás, lo fracturado que afianza tu identidad, la monotonía que te abriga, lo aborrecido o plomizo que aplazabas y que, tras

la moratoria, inexcusablemente tendrás que enca-
rar. Nunca conseguiste mentirte del todo y, pese a
las trampas urdidas, sabías de antemano que por
muy ligero de equipaje que partieses te hostigaría
la carga latente que apechugabas contigo. Asistes
a unas abluciones en un río sacro al que peregri-
nan millones de fieles mientras te fustigas con que,
por mucho que os hayáis perdonado, nada recom-
pondrá aquella amistad rota años atrás. Un festival
de cometas en un poblado de casas flotantes de un
delta te retrotrae a que en tus primeros viajes vol-

vías con regalos para toda la familia. Tu desazón brinca en el espacio y en el tiempo, andas con un pie aquí y otro allá. Aunque exprimirás de extremo a extremo las vísperas, habrá sido tenue y transitorio el espíritu luciente que te impregnase. Y al erigirse todo viaje en una alegoría de nuestro paso por la vida, volverás sin haber resuelto ninguna de las grandes tribulaciones que fundamentan los fuegos fatuos de nuestro perenne errar.

Pobre del lúcido que prematuramente se desengañara de la ensoñación de que un viaje o es romántico o no lo es. Por cabal que se haya sido, ha de quererse una vez, una sola bastaría, el delirio de ir al encuentro de fenómenos de la naturaleza que se eleven sobre nuestra ingravidez y colmen el prurito de asirnos a certitudes. Un no cejar de azuzarse con un esplendor que nos resarza de las angustias que acribillan la existencia. Un resplandor sublime tan letal y devastador que darías por irreprochable caer fulminado en el sitio en repentino suicidio de atildada elegancia. Un rompimiento de gloria vertiendo sus rayos celestiales sobre uno cuya memoria hiera y condene a un regusto amargo y desaborido a lo que restase por vivir. Un tifón que inflame los pulmones para librar con brío los combates cotidianos. Un éxtasis de magnificencia que pongas en la balanza de contrapeso como expiación de tu abultado pliego de errores. Un ahora sublime que bruña los renglones de un escueto obituario y platease la imagen que de ti se conservara. Un lapso nítido de purificación que se desvanezca en un suspiro, pero complete tus días del pasado y los venideros. Un fulgor apoteósico de trascendencia que justifique declamar que habrá merecido la pena sobrenadar el ciclo del nacimiento a la muerte. Una sed de una revelación mística o cuasidivina que paliara o repudiase que fuéramos poco más que polvo y cenizas.

Y un día caes del nido y ves guillotinada la aparición de ese milagro salvífico que la razón siempre dictaminó que era mera alucinación tuya. Resignándote a que ya, sin vuelta de hoja, ha expirado la hora del recreo, rendirás armas; exánime, desfallecerá en ti el apego por los viajes entregados al albur de lo anárquico. Mas el soñador que alguna vez partió con el hambre de verse favorecido por los hados de la fortuna cultivará en recogimiento una nostalgia sin cura en torno a los paraderos queridos nunca pisados donde pudo restallar el ideal jamás culminado. La melancolía por la travesía que no se llevó a término se emparenta con la melancolía por la beldad desnuda que se adormecía en otras sábanas, el canto del cisne que dejaste sin ejecutar y por el cual habrías sido recordado, las creaciones y proyectos vitales que se fueron al traste, el niño ilusionado que todavía no sabía de máculas, traiciones, derrotas y desencanto. Nada mancillan las Ítacas en las que se vio truncado tocar puerto, sobrevive lo idolatrado como quimeras incólumes, su invocación goza de la luz límpida de unos flamantes sueños de pubertad de los que nada ni nadie te hubieran despertado.

La belleza de viajar que pervive sin tacha ancla su morada en los paraísos adorados que nunca se alcanzaron.

La latosa digestión del regreso puede liquidarse
en el avión de vuelta, con la ducha en casa o al
deshacer con celo la maleta, pues mimas tus per-
tenencias porque vienes de sitios donde cuidan
sus parvos bienes. Antes de guardarlo, desdoblas
el cuarteado mapamundi que llevas de amuleto
a todas partes. Posas el dedo sobre algunas de las
ciudades en las que estuviste años atrás y trazas la
línea que seguiste de unas a otras. Sumarán cen-
tenas de miles de kilómetros. De algunos de esos
trayectos solo refrescas unos chispazos desfigura-
dos y un esbozo general del paisaje. Pensándolo
bien, tanto se superponen las imágenes que ni
aseguras que tales postales decoloradas correspon-

dan a esos emplazamientos. Lo colonizó todo, se eclipsó y apenas repunta nada. Y así sucederá con lo amasado en el viaje más reciente, aunque suene descabellado mientras se agita con vigor la llama. Se disipe o no, fue magnífico vivirlo.

Molido, con el sueño alterado, pones una lavadora mientras sopesas que tal vez repliegues alas y en el futuro abdiques del caos. Para entonces, si capeas los zarpazos de las desgracias y tienes el santo de cara, querrás lo anunciado sin sorpresas ni altercados: te tornarás en un abstraído paseante que se relamerá con la urbanidad y las comodidades del occidente tecnológico y aburguesado, si bien tintándolo del sepia de un *Grand Tour* por el arte de adecentadas casas museo, hoteles demodés, descuitados mausoleos, librerías de viejo de capa caída y cafés literarios venidos a menos. O harás escapadas de ermitaño a un apartado pueblo para sentarte frente a un escritorio bien iluminado a pasar a limpio tu acopio de remordimientos y velar en mutismo cenobítico de lo que ya será tu sobrio a la par que prolijo jardín.

Pasadas unas semanas, ya con nadie comentas el viaje, ya ves a quien más querías ver, ya no minus-

valoras tantas menudencias, ya te envenenas con el esplín de lo ordinario, ya has retomado el hábito de emponzoñarte con el fárrago de la actualidad, ya te asedian oleadas de banalidad, ya eres la pieza que no encaja en un huero engranaje, ya te has acostumbrado a la recolecta de migajas al apagarse el día, ya reincides en tus irredentas torpezas en el trato, ya has vuelto a ser el que no por haber estado fuera habías dejado de ser.

Y una noche de insomnio te interpelas acerca del mito de que el viajar transforma. Tantos sapientes de prestigio lo han verbalizado con palabras bien escogidas que ni osas ponerlo en entredicho; ojalá estuvieras dotado de su inteligencia y acertases a pormenorizar un breviario de los cambios que has sufrido en el viaje. Incluso de allegados que se ufanan de aprender algo cada día de viaje eres incapaz de especificar vuelco alguno en ellos. Con mayor asiduidad has observado mutaciones de envergadura en quienes, varados en el sitio, se arruinaron tras declararse en quiebra su negocio, son abandonados por su cónyuge o les diagnostican una enfermedad grave. Le solicitaste cambios a mejor al viaje, algunos retoques atisbas, pero sería precipitarse darlos por consolidados, pues te has curtido en las enormes brechas que median entre las aspiraciones y lo logrado.

Meses más tarde, te levantas de madrugada, enciendes la luz, vas a la cocina y abres el grifo para beber un vaso de agua. Todo como debe ser, todo en orden. Empero, en vez de servirte te quedas inmóvil mirando taciturno cómo corre el chorro de agua. Llevas desde la vuelta opacado tras una veladura de pesadumbre invisible para los demás cuyo trasfondo no entrevés. La comezón se manifiesta con un desarraigo de lo que te enraíza. De súbito, desenmascaras el transido que te socava. Dirías que echas de menos un mundo desasistido aún por hacer. Y te apresuras a cerrar el grifo porque es pecado despilfarrar el agua, pero tampoco te flagelas con saña, eufórico por poder señalar a las claras el episodio estelar de lo viajado que más honduras te restañó sobre nuestro vagar. Fue en una aldea del Cuerno de África en la que una veintena de madres, abuelas y niñas con unas garrafas amarillas te reclutaron para acompañarlas a un pozo sito a un par de horas de marcha. Sin compartir el idioma, serpenteaste en silencio por áridos y adustos senderos de montaña. De regreso, cargabas con el cubo que, por pundonor, insististe en llevar: bamboleándolo por desmaña, el agua se derramaba por los bordes. Desperdiciabas el bien más preciado de la tierra: el agua con la que cocinan, rocían el alfombrado terroso de las chozas, ofrecen en un cucharón a los corderos, lavan la ropa, hierven el té, la del aseo personal, la que beberíais. Al verte sudoroso y jadeante, propusieron un descanso que ellas, aun llevando más peso, no requerían. Unas niñas de cuello y tronco erguidos se pusieron unas botellas de plástico en la coronilla y, sin sostenerlas, corrían y saltaban manteniéndolas en equilibrio. Te emplazaron a emularlas: no dabas ni dos pasos sin que se te cayera. Hiciste del juego un asunto de honor: en medio de un corro, acompasaron tu baile sin son un coro de palmas y unas carcajadas cómplices. Bajo un firmamento azul y lejano, te supiste bienaventurado. Sin saber cómo, desplegaste la párvula sonrisa que el adulto que ya eras había declarado definitivamente perdida, nutrida de una feliz comunión con lo mucho con que habías sido agraciado.

No le habías pedido demasiado a aquella caminata; como con casi todo lo que en verdad importa, ha sido tardo en aflorar su valía e impronta, pero era de tan profundo calado lo que te susurró la alegría de aquella chiquillada que ya entonces intuiste, querido amigo de ojos tristes, que nunca harías viaje más bello.

Meses antes de abordar este escrito, saltó una noticia de corta difusión acerca del avistamiento de un cayuco a la deriva en las costas de Brasil. Había partido desde África y cursado más de cuatro mil kilómetros. Se encontraron nueve cadáveres; ninguna memoria personal quedó de su lucha por la supervivencia. Esta tragedia se agrega a tantas y tantas otras de buques fantasmas que tiñen de dolor y llanto las rutas migratorias o los periplos de los refugiados.

En los siglos anteriores, aureolados exploradores, arqueólogos, aventureros, artistas o escritores dejaron unos libros de viajes que figuran en los cánones del género. Sus artífices gozaban de popularidad y eran homenajeados dondequiera que fueran. Desde hace unas décadas, millones de personas han emprendido unos viajes que sobrepasan en infiernos y épica a los reputados de antaño y muchos acaban con la muerte de quienes se embarcaron en tan temible gesta. Ninguna multitud cubre de halagos por los riesgos sorteados a los que alcanzan el destino. Muy al contrario, suelen ser encarcelados o devueltos como un paquete defectuoso a sus países de origen.

Causa sonrojo detenerse en las linduras del viajar cuando las magnas odiseas del siglo XXI que se divulgan yacen sepultadas bajo una avalancha de naderías. Quizá dentro de cincuenta años se pregunten cómo podíamos ser tan frívolos como para seguir refiriendo las minucias del viajero del primer mundo mientras permanecíamos ajenos al calvario y horror que desangran a los nómadas anónimos del hoy. Ya sea por una brizna de pudicia, este texto había carecido hasta ahora de mención alguna al más venerable y honroso atributo de la belleza de viajar, la esperanza, pues esta halla su culmen en los éxodos impelidos por los vientos de la necesidad.

AGRADECIMIENTOS

Quisiera plasmar mi agradecimiento a Mónica Santamarta por su respaldo. Llevado de su mano me reconcilié con una Europa que no se estila.

De cuántas tierras y culturas creemos saber algo gracias a las narraciones de ficción. Muchas obras de la imaginación, si están amamantadas con la savia de lo verdadero, desvelan lo medular de una era y lugar. Musitamos que comprendemos la vida que palpita en un territorio cuando nos atrevemos a aventurar sobre los anhelos o los pesares de sus pobladores. Quieren los hacedores de esta colección que añadamos un colofón con algunas recomendaciones hijas de nuestras lecturas. Tanto o más que a viajar, uno invitaría a dejarse subyugar por fabulaciones que le trasladen a uno a parajes remotos y, desde el cobijo del sillón orejero, solazarse con el sortilegio de sentir cercanas sus bellezas.

Y aunque este compendio se pretendió huérfano de citas y autores citados, quien esto escribe se desobedece a sí mismo en el último párrafo para deslizar, sin que ello importe, que consideraré mi vida incompleta y mutilada si muero sin haber viajado antes a una isla de los mares del Sur y allí ascender a un monte de discreta altura con vistas a un volcán para rendir tributo en su tumba a quien, por su ejemplo y escritos, uno vislumbra como el faro que en tinieblas y zozobra ilumina «a cuantos aman lo azul y lejano».

Colección

DE LA BELLEZA